Attestations en sa faveur

entre ses diffamateurs

Publiquement attaqué dans mon honneur, j'avais cru devoir m'adresser à la justice pour obtenir une condamnation contre mes diffamateurs.

Dans notre Assemblée générale, mes Confrères, appelés par notre Chambre de discipline à émettre leur avis sur ma conduite, m'ont donné, par leur décision, un témoignage d'affection et d'estime qui m'a profondément touché, et que je suis heureux de conserver comme un précieux titre de famille.

Ce témoignage unanime de mes Confrères me donnait pleine satisfaction : je craignis que, si, après cela, je continuais mes poursuites, l'on pût soupçonner que je voulais faire de mon action une affaire d'argent : aussi, conformément à l'avis du Président de notre Chambre et de plusieurs de mes amis, je me désistai de mes poursuites.

Mon adversaire ayant refusé ce désistement, un jugement du Tribunal civil de Limoges, du 4 juillet dernier, a déclaré mon désistement bon et valable, et a condamné mon adversaire aux dépens.

Quelques personnes disent, paraît-il, que la délibération de l'Assemblée générale des Notaires contient un certain blâme contre moi, que le Tribunal m'a condamné aux frais, etc.

C'est pour leur permettre d'apprécier la véracité de ces propos que j'adresse les copies de quelques-unes des pièces de cette affaire à mes amis et aux personnes à l'estime desquelles j'attache du prix.

ARNAUD,
Notaire à Pierre-Buffière.

1°.

Extrait du Registre des délibérations
de la Chambre des Notaires de Limoges.

D'une délibération de la Chambre des Notaires de l'arrondissement de Limoges, prise en *Assemblée générale*, le 9 mai 1871, il a été extrait littéralement ce qui suit :

« Le Président expose ensuite à l'Assemblée que, sur la citation d'un sieur Morein, de Pierrebuffière, M⁰ Arnaud a dû comparaître, le 27 mars dernier, devant M. le Juge de paix de Pierrebuffière, pour se concilier sur la réclamation d'une somme de quatre cents francs que le sieur Morein prétend lui avoir prêtée, ce que M⁰ Arnaud nie formellement.

» En pleine audience de la justice de paix, M⁰ Arnaud fut en butte aux injures les plus violentes et les plus offensantes, tant de la part du sieur Morein, qui se porta même à des voies de fait, que du sieur Roudaud, ex-huissier, frère du sieur Morein.

» A sa sortie de l'audience, au milieu d'une affluence extraordinaire, M⁰ Arnaud fut poursuivi jusqu'à son domicile par les insultes et les menaces du sieur Morein, de sa femme et de son père.

» Sur les poursuites du ministère public, un jugement correctionnel du tribunal de Limoges, du 1ᵉʳ mai courant, a condamné, pour diffamation, le sieur Morein à 5 fr., et le sieur Roudaud à 16 fr. d'amende et aux dépens.

» Devant le tribunal correctionnel, les prévenus n'ont pas contesté le fait de la diffamation; mais, pour se disculper, ils ont cherché à justifier les qualifications infamantes adressées par eux à M⁰ Arnaud, de telle sorte que, d'après eux, la diffamation n'a été que le résultat d'une juste indignation.

» En présence d'imputations aussi graves, s'attaquant si directement à la probité d'un confrère, la Chambre de discipline s'est émue, et a pensé que cette affaire devait être soumise à l'Assemblée générale.

» Le Président fait connaître à l'Assemblée tous les détails de cette affaire, tels qu'ils se sont produits à l'audience du 1ᵉʳ mai, et il y ajoute les renseignements qu'il a recueillis de personnes des plus dignes de foi. Il invite ensuite l'Assemblée à donner son avis sur la conduite de M⁰ Arnaud, et à indiquer, s'il y a lieu, les mesures à prendre par la Chambre de discipline.

» L'Assemblée, après en avoir délibéré,

» Considérant que M⁰ Arnaud est notaire depuis trente-sept ans, et qu'il a toujours eu dans la Compagnie une réputation incontestée de délicatesse et de probité scrupuleuses;

» Que tous les renseignements communiqués à l'Assemblée, tant par le Président que par différents membres, démontrent que cette réputation est bien méritée, qu'elle est générale, et que M⁰ Arnaud la possède hors de la Compagnie des notaires aussi bien que dans la Compagnie même;

» Considérant que, pendant un exercice aussi prolongé, il a constamment obtenu et conservé l'estime et l'affection de ses confrères; qu'il a été maintes fois honoré de leur choix comme membre de la Chambre de discipline et même comme officier de cette Chambre; que l'estime de ses confrères lui devient d'autant plus précieuse que les circonstances sont plus pénibles pour lui ; qu'elle le soutiendra contre d'injustes attaques portées à sa considération, et qu'il convient, par conséquent, de la lui manifester d'une manière certaine et publique,

» L'Assemblée déclare, à l'unanimité, qu'elle prend la part la plus vive à la douleur qu'ont dû causer à Mᵉ Arnaud les attaques et les calomnies odieuses dont il a été l'objet ; qu'elle est heureuse de proclamer sa parfaite honorabilité, et d'affirmer hautement qu'il jouit de l'affection et de l'estime sans bornes de toute la Compagnie ;

» Dit qu'un extrait contenant la présente déclaration sera remis à Mᵉ Arnaud.

» Pour extrait :

» Signé NASSANS, *Secrétaire.* »

2°.

Extrait de la lettre du Président de la Chambre des Notaires.

« Limoges, le 5 juin 1871.

» MON CHER CONFRÈRE,

» Je vous remets, ci-joint, l'extrait de la délibération de notre Assemblée générale du 9 mai dernier.

» Nous ne pouvions rester indifférents aux imputations diffamatoires dirigées contre vous......................

» En exposant les faits à notre Assemblée générale, je me suis tenu en garde contre mes impressions personnelles, et je n'ai rien dissimulé de ce qui aurait pu vous être défavorable.

» L'Assemblée a délibéré froidement ; elle s'est rendu

compte de la valeur des allégations de vos diffamateurs...;
elle en a fait bonne justice.............................

» Remarquez que cette délibération a été prise, après
un examen sérieux, à l'unanimité, absolument sans
aucune restriction, par une réunion nombreuse d'hommes
parfaitement en mesure de bien apprécier la valeur morale
des gens.

» Ce n'est pas là un certificat d'honorabilité banal : vous
pouvez le placer avec un légitime orgueil dans vos
archives de familles ....

» L'Assemblée n'a pas entendu émettre seulement son
avis sur la question particulière qui lui était soumise :
elle a voulu surtout rendre un hommage solennel au vieux
confrère dont la conduite, pendant son long exercice, a été
pour tous un modèle; à l'homme qu'elle regarde, depuis
longtemps, comme le type de cette honnêteté vraie et à
toute épreuve malheureusement si rare aujourd'hui.

» Ce témoignage de vos confrères vous consolera, je
l'espère, de la douleur qu'a dû vous causer.............

» Si vous jugez à propos de continuer les poursuites
civiles contre vos diffamateurs, ne manquez pas de me
prévenir, afin que, par ma présence auprès de vous à
l'audience, je puisse protester, comme représentant de
notre Compagnie, de la profonde estime que nous avons
tous pour vous.

» Permettez-moi cependant, mon cher confrère, de
vous dire quelle est ma manière de voir au sujet de votre
malheureuse affaire. En vous donnant ainsi mon avis, je
n'entends pas qu'il y ait, pour vous, la moindre obligation
d'en tenir compte : prenez-le seulement comme l'avis d'un
ami sincère qui, n'étant pas personnellement engagé dans

l'affaire, la voit plus froidement, et par suite peut, peut-être, mieux l'apprécier que vous.

» J'ai suivi et étudié cette affaire avec le plus grand soin, et je crois en connaître parfaitement tous les détails.

. . . .

. . . .

. . . .

» C'est là, je crois, le véritable point de vue sous lequel il faut actuellement envisager cette affaire : aussi je n'hésite pas à déclarer qu'il vaut mieux renoncer à vos poursuites.

» Il est, sans doute, singulièrement pénible de voir son honneur attaqué..., et d'être réduit à se taire. Mais que faire?. . . . .

. . . .

» Réfléchissez à tout cela, et, si vous m'en croyez, prenez-en résolument votre parti.

» Vous avez pour vous votre conscience et l'estime des honnêtes gens : c'est l'essentiel.

» N'ayez pas grand souci de l'opinion des gens qui, par manque d'honneur, par ignorance ou par légèreté, se font les instruments de la calomnie; contentez-vous de mépriser les diffamations : elles tomberont d'elles-mêmes, à la confusion des diffamateurs, et le préjudice matériel qu'elles vous occasionnent sera bien vite réparé.

» Agréez, mon cher confrère, etc., etc.

Le Président de la Chambre,

E. HERVY.

3°.

Extrait du jugement du Tribunal civil de Limoges du 4 juillet 1871.

« Il avait été pris , au nom des parties , les conclusions suivantes :

« Mᵉ Estier, pour le sieur Arnaud, a conclu à ce qu'il plût au Tribunal , statuant sur le désistement signifié au nom du sieur Arnaud , déclarer ce désistement valable, en donner acte, dire que l'instance objet de ce désistement est éteinte ; statuant sur la demande reconventionnellement faite du sieur Morin , la déclarer non recevable ou dans tous les cas mal fondée, en débouter le sieur Morin, et le condamner en tous les dépens faits et à faire, à compter du jour du désistement.

» Mᵉ Tunis, pour le sieur Morin, avait conclu à ce qu'il plût au Tribunal, sans avoir égard au désistement du sieur Arnaud, que le concluant déclarait ne pas vouloir accepter, déclarer le sieur Arnaud mal fondé dans sa demande , l'en débouter, et le condamner aux dépens... Statuant sur la demande reconventionnelle que le sieur Morin déclarait former, condamner le sieur Arnaud à lui payer la somme de quatre cents francs à titre de dommages-intérêts pour les préjudices à lui causés par la demande de ce dernier, le condamner en outre aux dépens.

. . . .

» Sur l'opposition faite aux qualités par Mᵉ Tunis ,

. . . .

» Ouï MMʳˢ Tunis et Estier dans leurs observations ;

» Attendu que la relation sommaire des poursuites exercées par le procureur de la République pendant le cours du procès civil ne saurait être considérée comme en dehors de ce procès, puisqu'elle s'y rattachait essentiellement, au moins quant aux questions accessoires de dommages-intérêts réciproquement soulevées, et que, d'ailleurs, ces poursuites ont eu lieu sur la plainte d'Arnaud ;

» Attendu que les condamnations matérielles accordées ou refusées par le jugement disparaissent devant l'intérêt moral que les parties peuvent attacher au sort du procès ; qu'il y a donc lieu d'autoriser la levée du jugement nonobstant l'offre de payer les frais faite par Morin,

» Le Président maintient les qualités signifiées par Mᵉ Estier, donne main-levée de l'opposition faite par Mᵉ Tunis.

» Attendu que, le 23 mars 1871, le sieur Morin avait cité Mᵉ Arnaud devant M. le juge de paix du canton de Pierrebuffière pour se concilier sur une demande à fin de paiement de la somme de 400 fr., qu'il prétendait lui avoir prêtée à Limoges le 24 septembre 1870 ; que les faits qui avaient précédé cette citation, les explications dont elle était assortie, la persistance du demandeur, en présence de la dénégation énergique d'Arnaud, le scandale accompli le jour de la comparution, étaient de nature à mettre en suspicion la loyauté de ce dernier, et à nuire à la considération dont il s'est entouré pendant son long exercice de ses fonctions de notaire ;

» Attendu que, le demandeur ne poursuivant pas immédiatement son action, il importait au défendeur de ne pas rester sous la menace d'une pareille demande, et d'en obtenir le désistement ou le rejet par la justice; que, dans ce but, Arnaud assigna Morin devant le présent Tribunal, le treize avril dernier, pour voir dire que sa demande serait déclarée aussi injuste que mal fondée, et se voir condamner à 10,000 fr. de dommages-intérêts, reconventionnellement demandés à raison du préjudice que la prétention publiquement soulevée par Morin avait pu lui causer;

» Attendu qu'une plainte ayant été poursuivie contre Morin, à raison des imputations qu'il s'était permises à Pierrebuffière, le 27 mars 1871, à l'encontre d'Arnaud, un jugement correctionnel, du 1ᵉʳ mai dernier, l'a déclaré coupable de diffamation ;

» Attendu que la modération de la peine édictée par la loi du 17 mai 1818 a pu se baser sur la croyance que les faits accomplis le 24 septembre à Limoges avaient pu laisser à Morin, ou sur les illusions qu'auraient pu créer dans son esprit l'état dans lequel il paraît s'être trouvé ce jour-là, sans diminuer pour Arnaud la réparation qu'il poursuivait, et qu'il a été le maître de se désister de son action en offrant de payer les frais faits jusqu'au jour de ce désistement;

» Attendu que c'est sans aucun motif sérieux que Morin refuse ce désistement, puisqu'il ne reprend pas sa demande principale, qu'il ne prend aucune conclusion pour la faire admettre, et qu'il ne la soutient par aucun des moyens que la loi peut laisser à sa disposition; que les dommages-intérêts qu'il demande ne puisent leur cause dans aucun motif appréciable, et que le chiffre de 400 fr. auquel il les fixe démontrerait seul que c'est là un moyen détourné de rentrer dans une prétention qu'il déserte,

» Par ces motifs, le Tribunal, ouï les avoués et avocats des parties, ensemble le ministère public en ses conclusions,

» Déclare bon et valable le désistement signifié le 9 juin 1871, à la requête de Mᵉ Arnaud, de l'action intentée par lui contre le sieur Morin, le 13 avril 1871,

» Et condamne ce dernier aux frais faits depuis cette signification, compris ceux du présent jugement et de son exécution.

» Ainsi jugé et publiquement prononcé le 4 juillet 1871. »

Limoges et Paris. — Imp. Chapoulaud frères

121